D1723941

i titoli:

L'Isola dei Due Soli
Vita da... api
Diana e il segreto dei lupasky
La fattoria scuola
Il mio taccuino
Giako e i topi ecologisti
La fata dormigliona

Le autrici ringraziano Matteo Galbusera (in arte Teo Clown)
che ha messo al servizio di questo libro
tutta la sua esperienza e la sua passione per il teatro di strada

Musici, Giocolieri e Saltimbanchi!
Arriva il teatro di strada

testi di Fulvia Degl'Innocenti
illustrazioni di Dora Creminati

edizioni corsare C.P. 1537 Perugia 5 - 06100 Perugia
www.edizionicorsare.it - e-mai: corsare@iol.it
ISBN 88-87938-16-4

Finito di stampare nel mese di aprile 2005 per conto di edizioni corsare da Dimensione Grafica - Spello (Pg)

Musici, Giocolieri e Saltimbanchi!

Arriva il Teatro di Strada

testi di Fulvia Degl'Innocenti

illustrazioni di Dora Creminati

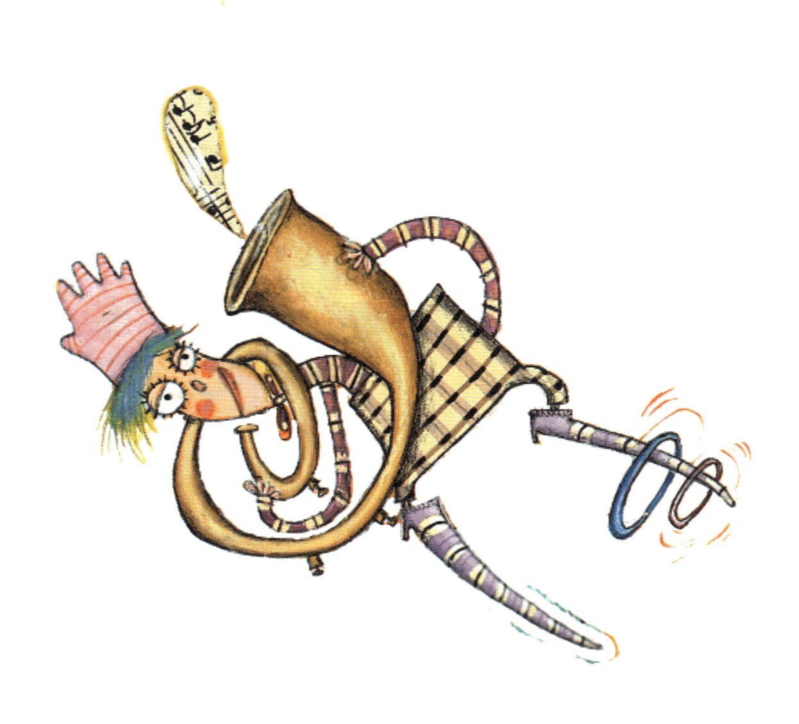

edizionicorsare

INDICE

Signore e Signori, ecco il teatro di strada

IL TEATRO DI STRADA:

- è uno spettacolo che si svolge all'aperto
- può andare in scena in qualsiasi luogo
- non prevede che si paghi un biglietto prima di aver visto lo spettacolo
- è fatto da veri artisti, molto bravi e preparati
- coinvolge il pubblico, che diventa protagonista dello spettacolo
- ha un copione, ma è pieno di battute e gag improvvisate
- non può mai essere replicato, perché ogni volta è sempre diverso

Quella che il nostro cantastorie va a raccontare è l'allegra storia del teatro di strada, una forma di spettacolo che da secoli trasforma in palcoscenico le vie, le piazze, i portici, i sagrati delle chiese, le scalinate, gli incroci, i mercati, e trasforma in pubblico i passanti, le massaie, gli scolari, gli operai, i vigili, i negozianti... Un teatro fatto di artisti di ogni genere: conosceremo i mangiafuoco e i fachiri, i clown e gli equilibristi, i giocolieri e i musicisti, i marionettisti e i maghi, i mimi e i madonnari. Faremo anche una veloce corsa nel passato, per scoprire come già nell'antico Egitto ci fossero giocolieri e acrobati.

Il nostro cantastorie ci insegnerà come gli artisti di strada si spostano di città in città e come chiedono giocosamente il loro compenso porgendo il cappello. Parlerà anche di voi, piccoli lettori, che siete il pubblico preferito del teatro di strada. Perché sgranate gli occhi pieni di stupore di fronte a una statua vivente immobile per ore; perché arretrate un po' spaventati e insieme ammirati alla vista della fiamma di uno sputafuoco; perché ridete di gusto alle gag di un clown. A tutti i bambini e alla loro capacità di meravigliarsi e di sorridere il cantastorie dedica la più bella delle sue… storie.

FUMETTI CANTATI

Che cosa fa un cantastorie? Lo dice la parola stessa: canta le storie, che lui stesso o un abile pittore ha disegnato su un telone o un cartellone diviso in riquadri simili alle vignette dei fumetti. Ma qui non ci sono le nuvolette perché i personaggi parlano attraverso la voce del cantastorie, che indica con un dito o una bacchetta la scena che sta descrivendo. Si può trattare di antiche leggende, storie di fantasmi o castelli maledetti, o anche fatti di cronaca, delitti passionali, duelli tra banditi. Il cantastorie talvolta si accompagna con la chitarra, oppure usa il megafono per attirare l'attenzione dei passanti. Oltre ai cantastorie ci sono anche i cuntastorie (o raccontastorie), che invece di cantare si limitano a… raccontare! Un tempo il pubblico poteva seguire la storia e rileggersela anche a casa su un foglietto che il cantastorie vendeva prima della sua rappresentazione.
Poi i foglietti sono stati sostituiti da dischi, musicassette e ora dai cd. Una tradizione antica quella dei cantastorie che è andata quasi scomparendo dopo l'arrivo della televisione.
I cantastorie più celebri sono quelli siciliani.

Talvolta gli artisti di strada hanno curiose mascotte: papere, pappagalli, tartarughe, persino serpenti e iguana. Il nostro cantastorie si è scelto una simpatica gallina, COCÒ: lo aiuta durante i suoi spettacoli, soprattutto quando si dimentica qualcosa, un po' come fanno le vallette! Troveremo Cocò nelle prossime pagine e ci racconterà tante curiosità.

Quella dei cantastorie è un'arte antichissima: può essere considerato un loro antenato persino Omero, il cantore cieco che errava per la Grecia dell'VIII secolo raccontando le imprese eroiche di Ulisse.
Erano cantastorie anche i menestrelli medioevali, che cantavano storie romantiche e avventurose accompagnandosi con chitarre e mandolini.

PALCOSCENICO IN PIAZZA

Piazze, mercati coperti, marciapiedi, incroci, cortili, centri commerciali: ogni angolo di paesi e città può diventare un palcoscenico per l'artista di strada.

Prima di cominciare lo spettacolo, però, l'artista fa sempre un sopralluogo per individuare la posizione migliore: se è un equilibrista avrà bisogno, per esempio, di due punti alla stessa altezza dove fissare il filo su cui camminare. Se è un suonatore o un cantastorie dovrà scegliere un luogo lontano dal rumore del traffico. Un mimo o una statua vivente si accontenteranno di un angolino ben visibile, in una zona affollata, come la piazza di un mercato o la via dello shopping.

È UN BUON LUOGO SE...

- è un punto di passaggio delle persone
- è vicino a una chiesa, quando però non suonano le campane!
- è sotto un lampione o vicino a una vetrina illuminata se è buio
- non è un parcheggio o una zona trafficata da auto
- non ha il pavimento in pendenza o pieno di buche se si devono fare esercizi acrobatici e di equilibrismo
- in caso di pioggia, vicino c'è un luogo coperto dove spostare lo spettacolo

Un artista di strada usa tutto per fare spettacolo, anche gli imprevisti. Per esempio, un bar o un negozio di fiori sono utilissimi per improvvisare un numero.

BAU!
BAU!
BAU!
BAU!

Dopo aver trovato il luogo adatto per lo spettacolo l'artista deve trasformarlo in un piccolo teatro all'aperto.

Prima di tutto occorre un pubblico; per richiamare l'attenzione dei passanti l'artista può semplicemente cominciare a prepararsi: tira fuori dalla borsa gli attrezzi se è un giocoliere, si veste se è un clown, si trucca la faccia di bianco se è una statua vivente, fa esercizi di riscaldamento se è un equilibrista. Oppure può annunciare a gran voce che

LO SPETTACOLO STA PER INIZIARE!

o coinvolgere le persone con giochi e battute.

Basta radunare attorno a sé un primo gruppetto di passanti e il gioco è fatto. Molte altre persone, incuriosite, cominceranno a rallentare, a sbirciare e poi a fermarsi, formando spontaneamente intorno all'artista un cerchio, in cui normalmente gli adulti stanno in piedi.

Ma i bambini piccoli come fanno a vedere lo spettacolo? Spesso sono inviatati a sedersi davanti, in prima fila, oppure a salire in galleria, ovvero sulle spalle di mamme e papà!

Con la parola SALTIMBANCHI si indicano genericamente tutti quegli artisti che si esibiscono in strada con numeri comici di equilibrismo e giocoleria. Saltimbanco è una parola di origine medioevale e significa letteralmente "saltare in banco". In origine era un buffone, un ciarlatano che per farsi notare saliva sopra un banco, dove faceva i suoi numeri o proponeva le sue merci miracolose.

ATTENTI AL DRAGO

MANGIAFUOCO

È l'artista di strada per eccellenza, anche perché dove potrebbe giocare con le fiamme senza rischiare di provocare un incendio se non all'aperto? Tutti lo conoscono con il nome di mangiafuoco, anche se la sua abilità più spettacolare è quella di sputare il fuoco.

Il mangiafuoco più celebre, quello delle Avventure di Pinocchio, in realtà faceva un mestiere diverso da quello che indicava il suo nome: era il padrone di un teatro di marionette e preferiva mangiare cosciotti di montone da cuocere usando le marionette come legna da ardere.

ATTENZIONE ATTENZIONE!

sputafuco e mangiafuoco sono maghi potentissimi che si sono allenati anni prima di diventare dei draghi.

VIETATISSIMO IMITARLI!

i trasgressori saranno immediatamente… inceneriti!.

LIQUIDO E POLVERI MAGICHE

Lo sputafuoco è come un drago: fa uscire dalla sua bocca lunghe fiamme. Ma come fa a non bruciarsi la lingua? Perché il fuoco in realtà non sta dentro la sua bocca: per produrre la fiamma beve (senza ingoiarlo però) un liquido infiammabile, oppure "mangia" polveri (lycopodium), che poi "sputa" su una torcia accesa provocando una spettacolare fiammata. Il mangiafuco, invece, riesce a spegnere una torcia infuocata infilandosela in bocca. Come faccia resta un segreto, che confiderà solo a un aspirante mangiafuoco.

UNA MUSICA TUTTA DA VEDERE

La musica è molto importante nel teatro di strada, perché più di ogni altra cosa ha il potere di attrarre l'attenzione dei passanti. Durante le tipiche parate che inaugurano festival o manifestazioni di teatro di strada, in cui sfilano tutti i protagonisti dello show, i suonatori sono sempre in prima fila e talvolta formano una piccola e simpatica orchestra che sceglie come palcoscenico una scalinata.
Il suonatore più tipico che si esibisce per le strade è il **tacabanda**, che prende il nome dal suo particolare tamburo portato a tracolla.

In strada troviamo anche violinisti, flautisti, cantanti che si accompagnano con la chitarra e magari imitano artisti famosi. E ancora, suonatori peruviani o boliviani, vestiti con tipici abiti colorati che soffiano in pifferi di legno di svariate dimensioni.
Altri suonatori, un tempo assai diffusi, ma che ora stanno scomparendo, sono gli zampognari: vestiti con abiti da pastori durante le feste di Natale suonano per le strade zampogne, pive e cornamuse.

ONE MAN BAND
O "uomo orchestra", ovvero un musicista che da solo riesce a suonare contemporaneamente numerosi strumenti:
una grancassa che tiene sulla schiena, un'armonica a bocca agganciata alle spalle (oppure un sax, dei fischietti),
una chitarra a tracolla, una serie di timpani e sonagli sistemati sui suoi piedi, o anche sul cappello. L'one man band non si limita a suonare, ma fa battute e scherzi, un po' come i clown.
A volte questi artisti si esibiscono in coppia: allora sì che l'orchestra è al completo!

Un grande attore comico tedesco, Karl Valentin (1882-1948) si definiva clown musicale: si divertiva a inventare pazzi strumenti musicali, tra cui uno molto particolare che da solo sembrava un'intera orchestra e comprendeva tamburi, trombe, triangoli, tastiere...

Ma non si farà male? Il fachiro lascia davvero a bocca aperta: sistema il suo bel tappetino di chiodi lunghi dieci centimetri o di cocci di vetro, e ci cammina sopra a piedi nudi con la stessa tranquillità con cui noi cammineremmo sulla sabbia o su un tappeto di lana. Con i chiodi si costruisce anche un letto per comodi riposini e per aumentare l'effetto si sistema sulla pancia un paio di valigioni da un quintale e mezzo, oppure invita due persone del pubblico a sedersi sul suo corpo! E tutto questo senza ferirsi né sentire male. Il segreto è una disciplina antichissima che viene dall'Oriente: occorre un duro allenamento fatto di meditazione e perfetta immobilità.

RIGOROSAMENTE DA NON IMITARE

Sono chiamati fachiri anche gli incantatori di serpenti e i mangiatori di spade, che si infilano in gola lunghe lame appuntite.

SPADE E SPADINI

Il termine fachiro deriva dall'arabo "faqir", che indicava in origine un musulmano che aveva fatto voto di povertà. Poi è passato a indicare un induista che attraverso duri esercizi del corpo (per esempio stando immobile per anni su una gamba sola...) aspirava a raggiungere la santità.

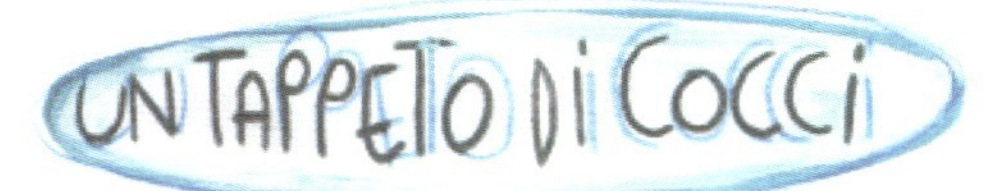

Il fachiro si prepara per il suo numero: prende un panno pieno di cocci di bottiglia, lo apre su un tappeto, poi mostra agli spettatori una bottiglia ancora intera, la avvolge nel panno insieme con gli altri cocci, e giù martellate, fino a ridurla in pezzi. Toglie il collo e il fondo della bottiglia (troppo pericolosi), invita il pubblico al silenzio e comincia la sua passeggiata…

VETRI DI BOTTIGLIA

CHIODI LUNGHI

100 KG

50 KG

VOLTEGGIANDO SUL FILO

Si chiamano funamboli, e in equilibrio su una fune (chiamata anche corda o filo) possono camminare, ballare, fare capriole, salti, piroette, raccontare barzellette, persino pedalare su biciclette e monocicli. Le loro corde possono essere ben tese, oppure molli. Tra gli artisti di strada il funambolo è quello che più di ogni altro deve verificare prima dello spettacolo il punto più adatto per sistemare la sua corda. O utilizzando degli speciali supporti,

oppure tendendo la corda tra i balconi di due palazzi, tra due pali della luce... La fune va inoltre fissata a terra, o utilizzando normali picchetti, o punti fissi come tombini e paletti.

Le funi più lunghe sono
in acciaio, ma quelle più corte
possono essere in nylon o canapa.

IN EQUILIBRIO SU...

Rollabolla: un nome che è tutto un programma; si tratta di una tavoletta in bilico su un cilindro. Là sopra, mentre il cilindro "rolla", l'equilibrista è addirittura capace di fare capriole in aria e... oplà, ricadere con un sorriso sull'instabile tavoletta.

Negli anni Sessanta un famoso gruppo di artisti americani, i Bread &Puppet, si esibiva sui trampoli con pupazzi (puppet), burattini e maschere. Durante lo spettacolo distribuivano al pubblico pane (bread). Volevano dire che il teatro è importante quanto mangiare ogni giorno.

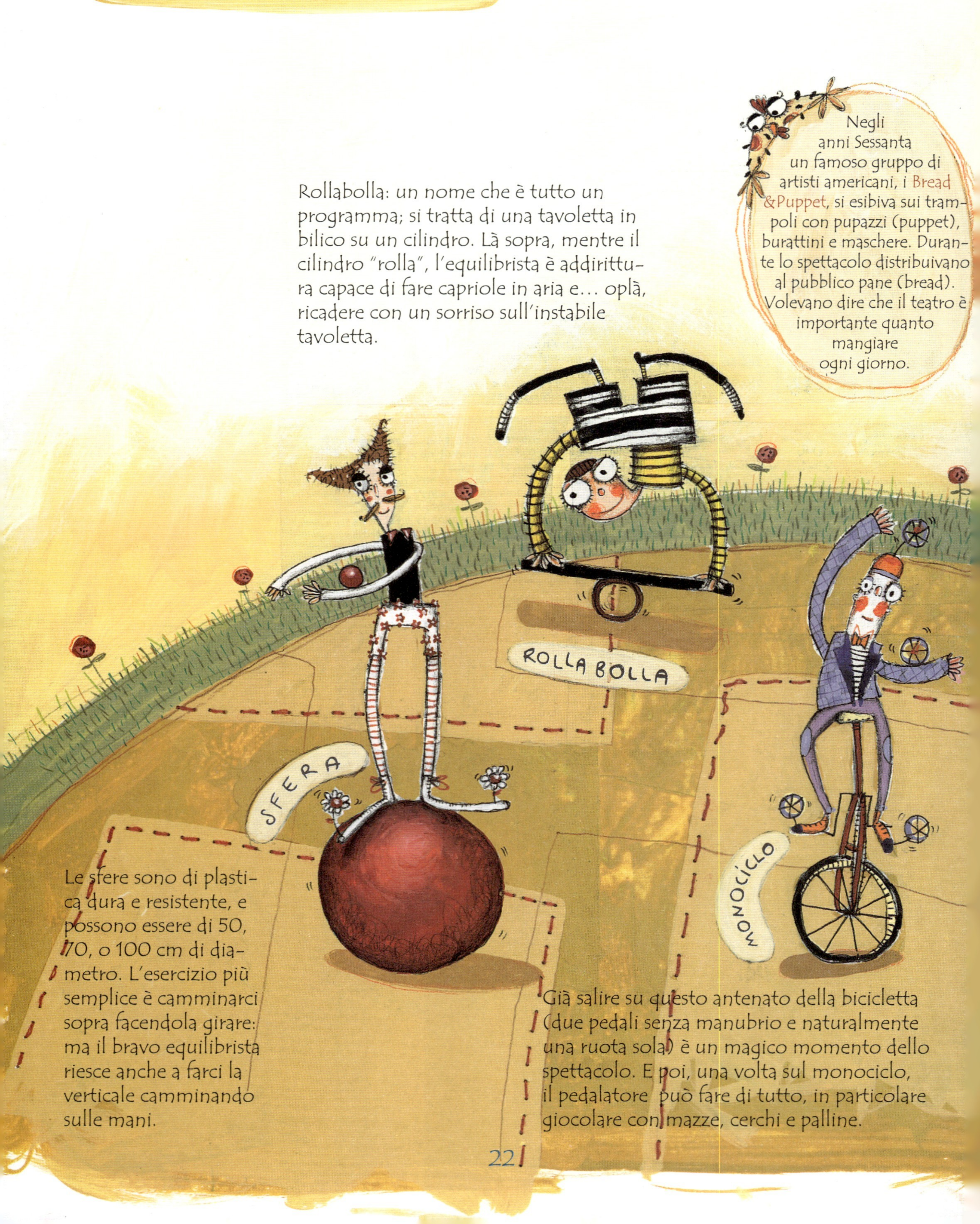

Le sfere sono di plastica dura e resistente, e possono essere di 50, 70, o 100 cm di diametro. L'esercizio più semplice è camminarci sopra facendola girare: ma il bravo equilibrista riesce anche a farci la verticale camminando sulle mani.

Già salire su questo antenato della bicicletta (due pedali senza manubrio e naturalmente una ruota sola) è un magico momento dello spettacolo. E poi, una volta sul monociclo, il pedalatore può fare di tutto, in particolare giocolare con mazze, cerchi e palline.

Come non fermarsi davanti agli equilibristi, che riescono a camminare, volteggiare, ridere, fare battute, anche giocolare o suonare in bilico sugli attrezzi più impensati? Per arrivare a sviluppare la loro abilità si sono allenati molto: il segreto sta nel mantenere il corpo ben saldo intorno al suo baricentro, malgrado i piedi poggino su una superficie instabile, che fa oscillare gambe e braccia. Altro allenamento fondamentale è quello alle cadute: perché in strada possono capitare mille imprevisti (irregolarità della pavimentazione come buchette, sassolini, asfalto bagnato, un'improvvisa folata di vento, un uccello in picchiata…), e se l'equilibrista non riesce a rimanere… in equilibrio, fa almeno in modo di cadere senza farsi male.

È un vero prodigio vedere una scala che riesce a rimanere in equilibrio senza essere appoggiata da nessuna parte, con l'artista che sale da un lato, arriva all'ultimo piolo e scende dall'altro lato.

Gli uomini sui trampoli sono tra i preferiti dai bambini, perché svettano sulla folla, alti alti, con i loro costumi eleganti. Sono spesso utilizzati come capofila delle parate, le sfilate che inaugurano una manifestazione. I trampoli possono essere sia di legno che di alluminio e devono essere leggerissimi.

Da soli, in coppia, in trio, i giocolieri incantano i passanti con la loro abilità: raramente si limitano a giocolare, ma spesso sono anche clown e acrobati. Nell'antica Roma con il termine *joculator* si indicava qualsiasi tipo di artista che si esibiva per strada. Da joculator deriva la parola giullare, buffone, cantore, acrobata tuttofare del Medioevo. In francese giullare diventa *jongleur*, da cui la parola giocoliere, colui che giocola, cioè che fa roteare e volteggiare ogni tipo di oggetto, semplici palline, clavette, cerchi, o anche oggetti più sofisticati come il **diablo** (una specie di rocchetto - due coppette unite come fossero

una clessidra - che si lancia in aria con una cordicella tesa tra due stecche, e che si cerca di riprendere al suo ricadere), il **devil stick** (un bastone fatto volteggiare in aria con due bacchette) e i **cigar boxes** (scatole di sigari foderate di velluto colorato). Mentre nel circo classico il giocoliere punta di più a strabiliare la platea con esercizi complicatissimi e usando un grande numero di oggetti, il giocoliere di strada incanta il pubblico sia usando gli attrezzi con abilità sia con l'aiuto di battute e piroette.

Parola d'ordine far ridere, soprattutto i bambini. Con smorfie del viso, capriole, cadute, con il loro trucco esagerato, le scarpe enormi, i pantaloni larghi, i fiocchi a pallini, le parrucche a riccioli arancioni. Li troviamo nei tendoni del circo, ma anche sulla strada, dove spesso sono persino equilibristi e giocolieri. Ci sono due tipi principali di clown o pagliacci: il **clown augusto** (conosciuto anche come Toni) e il **clown bianco**.

CLOWN AUGUSTO

Sembra sciocco e imbranato ("augusto" in tedesco significa "stupido"), ma quando vuole sa essere molto astuto. Per fare le cose più semplici sceglie le strade più difficili: prima di riuscire a sedersi su una sedia ruzzola mille volte, per mettersi il cappello lo appoggia per terra, sta a testa in giù reggendosi con le mani e ci infila la testa. Spesso (ma non sempre) ha il volto dipinto di tanti colori, il naso rosso, parrucche, cappelli e abiti sgargianti.

IL TRUCCO

Truccarsi per un clown di strada fa già parte dello spettacolo ed è un modo per richiamare l'attenzione dei passanti. Dalla sua valigia tira fuori il necessario, si siede su uno sgabello davanti a uno specchio e comincia. Per prima cosa copre i capelli con una cuffia, poi passa il cerone bianco sul viso e quello rosso intorno agli occhi e alla bocca. Può anche accentuare le sopracciglia con il nero, farsi dei pomelloni rossi sulle guance, o due lacrime colorate sotto gli occhi. Poi incolla il naso rosso sul suo naso e indossa una parrucca.

LE GAG

Il clown bianco e l'augusto si esibiscono in coppia. In una delle loro tipiche scenette il clown bianco comincia a cantare una serenata con la chitarra, e il clown augusto lo disturba continuamente: per esempio, succhia una bibita con una cannuccia gigante, oppure si soffia rumorosamente il naso con un fazzoletto a pois. Quasi tutte le coppie di comici, anche se non hanno il volto truccato come i clown, funzionano più o meno così: c'è quello serio (che si chiama "spalla") e quello imbranato e furbetto che con le sue azioni suscita le risate del pubblico. Pensate, per esempio, a Stanlio e Ollio, a Bugs Bunny e Duffy Duck...

CLOWN BIANCO

Ha il volto tutto bianco con occhi nerissimi e labbra rosse, anche se i tipi di trucco possono essere molto diversi (come vediamo qui a destra). È vestito in modo elegante, impeccabile, i suoi numeri pretendono di essere seri e impegnati: recita poesie, suona uno strumento, canta una canzone.

C'È CHI NON PARLA E CHI NON SI MUOVE

Mimi e statue viventi sono tra gli artisti di strada che più attraggono e incantano il pubblico.
Di **statue** ce ne sono di tanti tipi. Le più classiche sono uomini o donne avvolti in abiti bianchi o dorati pieni di pieghe e drappeggi, con il volto e le mani anch'essi bianchi o dorati: sembrano proprio statue scolpite nel marmo o fuse nell'oro, e possono rimanere in piedi perfettamente immobili per ore e ore. Ci sono statue vestite con abiti d'epoca e lunghe parrucche incipriate, o vestite con abiti normalissimi, ma così ferme da sembrare manichini. In genere le statue si muovono solo per inchinarsi in segno di ringraziamento quando un passante, spesso un bambino, mette una moneta nel cappello sistemato ai suoi piedi. Altre statue, invece, si muovono lentamente, a piccoli scatti, come se fossero dei robot.
Il **mimo** è un attore che riesce a dare emozioni, a raccontare storie, a comunicare con il pubblico senza dire una sola parola né emettere alcun suono. Sul suo viso bianchissimo come quello di una maschera, bocca e occhi sono accentuati dal trucco, in modo che le smorfie (ovvero la "mimica" facciale) siano più evidenti. Il mimo più celebre al mondo è stato il francese Marcel Marceau: si esibiva fasciato da una tutina aderente (nera o bianca) che rendeva più visibili i movimenti del corpo.

IL MIMO

Con il volto truccato di bianco recita usando solo i gesti del corpo e le smorfie del viso.

È un artista in grado di rimanere perfettamente immobile per ore su un piedistallo, tanto da essere scambiato per una statua.

A volte le statue sono più di una e riproducono quadri famosi: si tratta quindi di quadri viventi, una tradizione che risale al Medioevo, quando nei sagrati delle chiese i saltimbanchi mimavano scene tratte dal Vangelo.

TEATRINI DI STRADA

BURATTINI

Tutta "colpa" di Carlo Collodi, il papà di Pinocchio, se burattini e marionette spesso sono confusi tra loro. Infatti lo scrittore chiamò il suo libro *Storia di un burattino*, ma Pinocchio era... una marionetta, cioè un pupazzo con gambe e braccia mosse da fili. E i burattini? Sulla strada troviamo anche quelli, affacciati ai loro treatrini di legno o cartone colorato: hanno teste di legno o cartapesta infilate in un abito che nasconde la mano del burattinaio. I personaggi più tipici di marionette e burattini (entrambe espressioni del teatro di figura) sono quelli della Commedia dell'arte, cioè le maschere tradizionali italiane: da Arlecchino a Pulcinella, da Gioppino a Colombina. Negli spettacoli per bambini a queste maschere si uniscono draghi e principesse, diavoletti e streghe, re e spiritelli.... Burattinai e marionettisti si costruiscono da soli i loro pupazzi, e devono quindi essere sia dei bravi artigiani che degli ottimi attori, abili con le dita e con la voce.

Il burattinaio infila il dito indice di una mano nella testa di legno o cartapesta e le altre dita le usa per muovere le mani del burattino. Alcuni burattini hanno anche le gambe, che vengono mosse dall'altra mano.

MARIONETTE

Possono essere alte dai 20 agli 80 centimetri. I fili (da tre a nove), sono legati a spalla, gomito, collo, ginocchio, e sono tenuti insieme da una croce di legno (chiamata bilancino) manovrata dall'alto del teatrino dal marionettista.

Ci sono particolari tipi di marionette di origine siciliana che si chiamano Pupi (dal latino "pupus", bambinello). Sono soldati e cavalieri armati di spade e corazze che rappresentano le leggendarie lotte tra i paladini dell'imperatore Carlo Magno e i Mori. I Pupi vengono mossi dall'alto o di lato da bacchette di ferro e corde

Ai madonnari basta una manciata di gessetti colorati per creare le loro opere d'arte. Ma i più professionali viaggiano con valigette contenenti centinaia di gessetti: grandi, sottili, con infinite sfumature.

Sotto gli occhi dei passanti, con sapienti tocchi di gessetto trasformano il grigio asfalto di strade, piazze e marciapiedi in opere d'arte. Sono i madonnari, pittori abilissimi che rivestono di colori le strade, e lasciano che i loro quadri siano poi cancellati da un soffio di vento e dalla pioggia. Riproducono i quadri di pittori famosi, prevalentemente rinascimentali, dove protagonista è spesso la Madonna, da cui prendono il nome. Da qualche anno oltre a immagini sacre riproducono anche quadri con altri soggetti, spesso originali. Quella dei madonnari è una vera e propria arte, tanto che esiste a Verona persino la "Scuola internazionale dei madoneri", in cui studiano artisti di tutto il mondo, e numerosi concorsi tra cui quello di Nocera Superiore (Salerno).
I primi madonnari risalgono al Medioevo: allora non c'erano libri e tv e l'unica occasione per il popolo di vedere le grandi opere d'arte che i pittori realizzavano per i nobili, erano proprio questi umili artisti che lavoravano prevalentemente sui sagrati delle chiese.

QUADRI... DI GESSO

"La Madonna della seggiola" di Raffaello (1514)

Tra i dipinti più riprodotti dai madonnari ci sono:

"La Crocifissione" di Salvador Dalì (1954)

"Quando il cinema non ci sarà più, mi metterò a fare il madonnaro sui marciapiedi, con i gessetti colorati"; lo disse Federico Fellini, che oltre a essere un grande regista era anche un pittore e ammirava moltissimo l'arte dei madonnari.

Oggi la vera magia è vederli al lavoro: seguendo il modello del quadro originale tracciano per prima cosa i contorni delle figure con il gesso bianco e poi riempiono le sagome con i colori. Talvolta, al riparo di un portico, impiegano anche più di un giorno a terminare il dipinto.

Una magia ancora più… magica quando a esibirsi
in strada sono maghi e illusionisti. Il mago di strada
a volte è vestito con abiti eleganti, oppure ha l'aspetto
di un clown, e infarcisce i suoi numeri con battute e giochini divertenti. Volete un assaggio di magie?
- Far scomparire e ricomparire uova, conigli, colombe e… galline!
- sottrarre la banconota o l'anello di uno spettatore e farli riapparire in un altro posto
- distruggere un oggetto facendolo a pezzi o pestandolo con un martello, e poi, voilà, ecco che ritorna.

Hanno l'aspetto di maghi orientali anche gli **incantatori** (o le incantatrici!) di serpenti: i loro pitoni ammaestrati scorrono intorno alle loro braccia e al loro corpo, in uno strano e affascinante abbraccio. Altri numeri con i serpenti prevedono che i rettili siano incantati dalla musica: al suono di un flauto, per esempio, escono da una cesta e si muovono quasi danzando.
In India esiste una vera e propria casta di incantatori di serpenti, che si tramandano da secoli questa abilità di padre in figlio. I serpenti incantati sono i cobra, belli e velenosissimi, a cui spesso, per renderli inoffensivi, vengono tolti i denti (con viva protesta degli animalisti!)

PER LE ANTICHE STRADE

Il teatro di strada ha origini antichissime.

Sembra che i primi giocolieri si esibissero all'ombra delle piramidi egiziane. E precisamente nei mercati, dove servivano ad attirare l'attenzione dei passanti verso i banchetti di vasellame.

Durante l'impero romano i luoghi dello spettacolo erano piuttosto i teatri, gli anfiteatri e le case dei ricchi, dove in occasione di lunghi banchetti non mancavano quasi mai buffoni ed acrobati.

Nella prima metà del '900 il teatro di strada era più simile al circo itinerante, però con numeri più semplici di quelli del circo come lo conosciamo adesso. Gli artisti si spostavano a bordo di carrozze di legno trainate da cavalli: erano giocolieri, clown, uomini forzuti, e spesso si esibivano all'aperto.

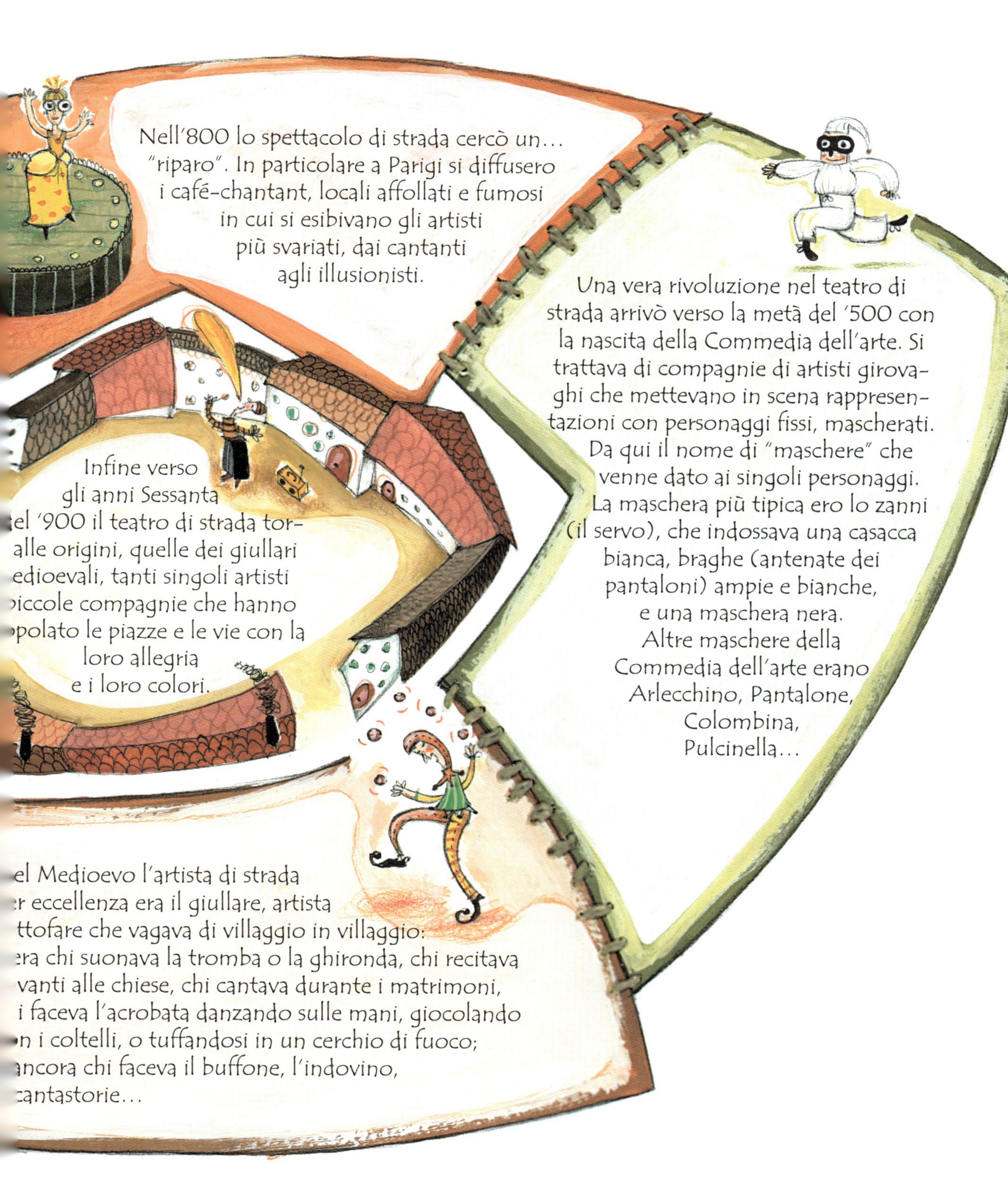

el Medioevo l'artista di strada
:r eccellenza era il giullare, artista
ttofare che vagava di villaggio in villaggio:
:ra chi suonava la tromba o la ghironda, chi recitava
vanti alle chiese, chi cantava durante i matrimoni,
i faceva l'acrobata danzando sulle mani, giocolando
n i coltelli, o tuffandosi in un cerchio di fuoco;
ancora chi faceva il buffone, l'indovino,
cantastorie...

Una vera rivoluzione nel teatro di strada arrivò verso la metà del '500 con la nascita della Commedia dell'arte. Si trattava di compagnie di artisti girovaghi che mettevano in scena rappresentazioni con personaggi fissi, mascherati. Da qui il nome di "maschere" che venne dato ai singoli personaggi. La maschera più tipica ero lo zanni (il servo), che indossava una casacca bianca, braghe (antenate dei pantaloni) ampie e bianche, e una maschera nera. Altre maschere della Commedia dell'arte erano Arlecchino, Pantalone, Colombina, Pulcinella...

Nell'800 lo spettacolo di strada cercò un... "riparo". In particolare a Parigi si diffusero i café-chantant, locali affollati e fumosi in cui si esibivano gli artisti più svariati, dai cantanti agli illusionisti.

Infine verso
gli anni Sessanta
el '900 il teatro di strada tor-
alle origini, quelle dei giullari
edioevali, tanti singoli artisti
iccole compagnie che hanno
polato le piazze e le vie con la
loro allegria
e i loro colori.

FACCIAMO CAPPELLO

Per assistere a uno spettacolo di strada non occorre pagare in anticipo un biglietto come accade a teatro, al circo, al cinema, alle mostre…

Per "fare cappello" non sempre si usa… un cappello, ma un contenitore buffo e originale che diventa a sua volta un momento dello spettacolo. Ecco che alcuni spiritosi saltimbanchi utilizzano un cilindro, un secchiello, una carriola, una valigetta, uno scolapasta, un annaffiatoio, un vaso da fiori. E voi, che cappello scegliereste?

Sapete perché c'è così tanta gente a questo spettacolo? Perché non si paga il biglietto! È però obbligatoria un'offerta… non obbligatoria. Quindi, per chi non vuol pagare alla fine dello spettacolo c'è un'altra possibilità: andarsene subito!!! A chi è piaciuto 10 euro e a chi non è piaciuto… 100 euro! Così vi promettiamo che ce ne andiamo via subito e non ci rifaremo più vedere!!!

In inglese fare cappello si dice busking, e gli artisti di strada si chiamano buskers

A fine giornata arriva per l'artista di strada il momento di raccogliere il suo cappello: all'interno, oltre a monete e banconote, trova sempre alcuni oggetti curiosi. Penny, yen, centesimi di dollaro se tra il pubblico c'erano turisti inglesi, giapponesi o americani…, ma anche scontrini della spesa, biglietti con numeri di telefono, gettoni per il carrello della spesa, vecchi gettoni telefonici, bottoni… Spettatori burloni o un po' maleducati? "Fare cappello" è spesso l'unico modo con cui gli artisti di strada ottengono un

Che sia un giocoliere, un funambolo, un clown o un mangiafuoco, alla fine del suo numero l'artista invita il pubblico rimasto (ci sono anche spettatori distratti che gettano solo un'occhiata all'interno del cerchio o che si fermano pochi minuti) a lasciare in un cappello un compenso per il suo spettacolo. C'è chi lascia solo pochi centesimi, e chi dimostra con una bella somma (oppure con una banconota) di aver apprezzato molto l'abilità dell'artista.

pagamento per il loro spettacolo. Negli ultimi anni, con il moltiplicarsi dei festival di teatro di strada, e delle manifestazioni che i comuni, grandi e piccoli, organizzano in occasione di festività, sagre e fiere, capita che gli artisti di strada ricevano un compenso dagli organizzatori delle manifestazioni.
Altre volte gli artisti di strada vengono ingaggiati dai privati per le occasioni più disparate: feste in oratorio, compleanni, matrimoni, inaugurazioni...

IN MARCIA!

L'artista di strada è sempre in viaggio
soprattutto tra maggio e settembre, il periodo in cu
si concentrano feste e festival, fiere e kermesse
Quasi ogni giorno in un posto diverso, strade da percorrere e strade
da animare. Un tempo gli artisti girovaghi usavano carrozze di legno
trainate da cavalli, la sera si accampavano in un prato, e attorno a un
fuoco contavano l'incasso della giornata, preparavano i numeri per il giorno
seguente o semplicemente si riposavano sotto il loro tetto di stelle
Un'immagine poetica che ormai non c'è più
Gli ultimi a muoversi in lungo e in largo per l'Europa a bordo di carrozze
trainate da cavalli sono stati, fino a pochi anni fa

gli artisti del Cirque Bidon, acrobati, mimi, trapezisti francesi che si esibivano all'aperto, e invece di tigri e leoni ammaestravano… galline. Oggi i mezzi più diffusi con cui si spostano gli artisti di strada sono i furgoni, dove possono caricare le attrezzature e dormire, le auto station wagon, e i camper, vere e proprie case viaggianti. C'è anche chi ha solo uno zainetto come bagaglio e si sposta su e giù in treno. Ma il sogno di tanti girovaghi sarebbe di avere proprio una casa... con le ruote!

WWW.QUISPETTACOLO.COM

Come distinguere un furgone che trasporta un gruppo di clown o giocolieri? Sulle fiancate spesso c'è il loro nome dipinto a colori con indirizzo o sito internet.

Agli artisti girovaghi che si spostano su un carrozzone è dedicato un grande film entrato nella storia del cinema, "La strada" (1954) di Federico Fellini.

Ma che bravo spettatore

Se vi accorgete che il vostro bambino disturba continuamente lo spettacolo avvicinandosi all'artista, urlando, mettendosi in mostra, allontanatelo; per prima cosa eviterete che possa farsi male o creare una situazione di pericolo (in particolare quando si esibisce uno sputafuoco o un equilibrista), per seconda cosa gli insegnerete a rispettare una persona che sta lavorando, anche se lo fa in modo giocoso e divertente.

Nel teatro di strada il pubblico ha un ruolo importantissimo: più si comporta "bene", meglio riesce lo spettacolo. Basta rispettare qualche semplice regola:
Fermarsi a guardare solo se lo spettacolo interessa
Non stare tutto il tempo a parlottare con gli amici
Rimanere nei confini del cerchio senza invadere il campo dell'artista.
Non disturbare l'artista facendo commenti ad alta voce o facendogli continue domande.
Quando è finito lo spettacolo, non andare via senza lasciare un'offerta, anche piccola, nel cappello.
Non portarsi via un oggetto dell'artista per ricordo.

CHE FESTA PER I BAMBINI!

Amatissimi dai bambini sono gli scultori di palloncini, che costruiscono tante figure (cagnolini, spade, elmi, fiori...) manipolando palloncini allungati, e i truccabimbi, che trasformano con sapienti colpi di pennello i visi dei bambini in musi di gatti o di topini.

Tra il pubblico del teatro di strada hanno un posto d'onore i bambini: innanzitutto perché hanno diritto alla prima fila (altrimenti come farebbero a vedere lo spettacolo?), o alla poltronissima (ovvero sulle spalle di mamma e papà). Poi perché i bambini adorano, in modo particolare, gli uomini sui trampoli, i giocolieri, gli sputafuoco, le statue viventi, rimanendo letteralmente a bocca aperta davanti alla loro abilità, e si divertono tantissimo alle esibizioni di clown e burattini. Ma i bambini talvolta diventano protagonisti degli spettacoli: infatti gli artisti di strada coinvolgono spesso il pubblico nei loro numeri, in particolare i bambini. I più spiritosi stanno al gioco ed entrano nel cerchio dell'artista che fa loro indossare una giacchetta e un cappellino, oppure gli consegna solennemente un oggetto fatto di palloncini (ad esempio la corona della regina o lo scettro del re), e li nomina suoi aiutanti: chiede loro di passargli degli oggetti, di intervistare il pubblico… I bambini diventano anche l'occasione di spassose gag, per esempio quando viene loro richiesto di fare cose impossibili (come raggiungere un punto lontanissimo con un salto, oppure imitare un numero di giocoleria…), suscitando così le risate del pubblico.

Nel teatro di strada ci sono molti artisti che sanno fare un po' di tutto: giocolano, suonano, fanno esercizi di equilibrismo, piccole magie, il tutto suscitando le risate del pubblico. Questo tipo di artista prende il nome di fantasista, o one-man show, ovvero un uomo che da solo realizza un intero spettacolo comico.

Bibliografia

- *Kermesse Annuario Italiano dello spettacolo di strada e di pista* 2a edizione 2003-2004

- *Juggling Magazine giocolieri e dintorni* (Pubblicazione trimestrale) numeri di: dicembre 2002, dicembre 2003, marzo 2003

- Alessandro Serena, Karl-Heinz Ziethen, *Luci della giocoleria, Il virtuosismo tra circo, varietà, strada e teatro contemporaneo*, 2002, Stampa alternativa

- Felice Naalin, *L'arte dei madonnari*, 2000, Demetra

- Paolo Stratta, *Una piccola tribù corsara, Il teatro di strada in Italia*, 2000, Ananke

- *Trattato di funambolismo* Petit Philippe Ponte alle Grazie, 1999

- E.Barba, N.Savarese *L'arte segreta dell'attore*, ed. Argo, 1998

- T.Correale Santacroce, *Trampoli*, ed. Titivillus 1997

- P.Beltrame *C'è un segreto tra noi, Sotigui Kouyaté: il racconto di un griot a contatto con l'Europa,* ed. Titivillus, 1997

- Karl Valentin, *Tingeltangel* , ed. Adelphi, Milano 1994

- K.Rudnitski *Theatre russe et Sovietique* Editions Du Regard, Paris, 1988

- Robert Misherwood, *Popular entertainment in Eighteenth Century Paris*, Oxford University Press 1986

- S.Secci *Il teatro dei sogni materializzati, Storia e Mito del bread and Puppet Theatre*, ed. la casa Usher, 1986

- K.H. Ziethen, A.Allen, *Juggling the art and its artists*, 1985 Werner Raush & Werner Luft, Germany

- Antonio Viganò, *Nasi Rossi, il Clown tra circo e teatro*, Editori del Grifo, Montepulciano 1985

Giancarlo Pretini, *Dalla Fiera al Luna park* , Trapezio Libri, 1982

- Von Kleist Heinrich, *Il teatro delle marionette*, Il melangolo, Genova 1978

- Braun & Schneider *Historic costume in pictures*, ed. Dover New York, 1975

- *Il trucco e l'anima* A.M. Ripellino Einaudi Torino, 1974

- L. Modigliani A. *Dizionario Biografico e bibliografia dei burattinai, marionettisti e pupari*, Piccolo Teatro di Milano